Jens Eggert: Basiswissen Erdkunde

Inhaltsverzeichnis

1	Diktat: Infos zu Deutschland	1
2	Die 16 Bundesländer	2
3a/3b	Das geteilte Deutschland von 1949 bis 1990	3
4a/4b	Die 16 Bundesländer und ihre Landeswappen	5
5	Die Landeswappen	7
6a-6c	Landeswappen-Puzzle	8
7	Die Bundesländer im Vergleich	11
8	Unsere Nachbarländer	12
9a-9c	Bundesland-Quiz	13
10	Die vielfältigen Landschaftsformen	16
11a/11b	Flüsse in Deutschland	17
12a/12b	Mittelgebirge in Deutschland	19
13	Die höchsten Berge der Mittelgebirge	21
14	Flüsse und Gebirge in Deutschland	22
15	Kreuzworträtsel: Flüsse und Gebirge	23
16	Quiz: Flüsse und Mittelgebirge	24
17	Lückentext: Was wir über unser Land wissen	25
18	Landwirtschaft in Deutschland	26
19a/19b	Schwerpunkte in der Landwirtschaft	27
20	Ferienland Deutschland	29
21a/21b	Freizeitaktivitäten	30
22a/22b	Städte in Deutschland	32
23	Städte in Deutschland – Einwohner	34
24a/24b	Städte in Deutschland – Einwohner, Fläche, Höhe	35
25a/25b	Städterätsel	37
26a/26b	Verkehrsweg Autobahn	39
27a/27b	Flughäfen in Deutschland	41
28a/28b	Industrie in Deutschland	43
29	Kreuzworträtsel	45
T1	Erdkundetest 1	46
T2	Erdkundetest 2	48
T3	Erdkundetest 3	50

Übersicht über die CD

Arbeitsblätter (PDF-Dateien)
Arbeitsblätter 1-29 (6a farbig)
Lösungen

Erdkundetests (sowohl als PDF- als auch als Word-Dateien)
T1 + Lösungen
T2 + Lösungen
T3 + Lösungen

Spiele (mit farbigen Spielkarten, PDF-Dateien)
Deutschland-Domino
Deutschland-Memory
Deutschland-Quiz
Deutschland-Quartett

| Name: | Datum: | 1 |

Infos zu Deutschland

Deutschland liegt in der Mitte von Europa. Es hat mit neun anderen europäischen Staaten eine gemeinsame Grenze. Berlin ist die Hauptstadt von Deutschland. Die Grenzen unseres Landes bestehen erst seit dem 03. Oktober 1990 in dieser Form. Vor diesem Tag, dem Tag der Wiedervereinigung, gab es zwei deutsche Staaten: die Bundesrepublik Deutschland (BRD) und die Deutsche Demokratische Republik (DDR).

Es gibt in unserem Land verschiedene Landschaftsformen. Im Norden liegt das Norddeutsche Tiefland, das an zwei Meere grenzt: an die Nordsee und an die Ostsee. In der Mitte ändert sich die Landschaft. Hier gibt es immer mehr Mittelgebirge, die das Land durchziehen. Südlich der Donau, die einer der längsten Flüsse Europas ist, liegt das Alpenvorland. Ganz im Süden schließlich liegen die Alpen. Der höchste Berg Deutschlands ist die Zugspitze mit einer Höhe von 2963 Metern.

Fragen zum Text:

1. Wie hießen die beiden deutschen Staaten vor der Wiedervereinigung?

2. An welche Meere grenzt das Norddeutsche Tiefland?

3. Welche Landschaftsform befindet sich zwischen dem Alpenvorland und dem Norddeutschen Tiefland?

4. Wie heißt der höchste Berg Deutschlands? Wie hoch ist er?

5. Überlege dir selbst drei weitere Fragen zum Text.
   Lasse sie von einem Mitschüler beantworten.

Z1. Schreibe den Text ab. Lass ihn von einem Mitschüler kontrollieren.
   Übe deine Fehlerwörter.

Z2. Diktiere jemandem aus der Klasse 25 Wörter des Textes. Korrigiere sie.

Z3. Suche zehn Namenwörter (Nomen) aus dem Text heraus. Finde zu jedem die fehlende Einzahl oder Mehrzahl. Trage die Wörter in eine Tabelle ein.

Z4. Suche fünf Tätigkeitswörter (Verben) aus dem Text heraus.
   Schreibe auf: ich liege, du liegst, er/sie/es liegt, wir ...

| Name: | Datum: | 2 |

Die 16 Bundesländer

Seit dem Tag der Wiedervereinigung gibt es insgesamt 16 Bundesländer.

1. Nimm einen Atlas und suche die Namen der einzelnen Bundesländer heraus. Schreibe sie zu den Pfeilen.

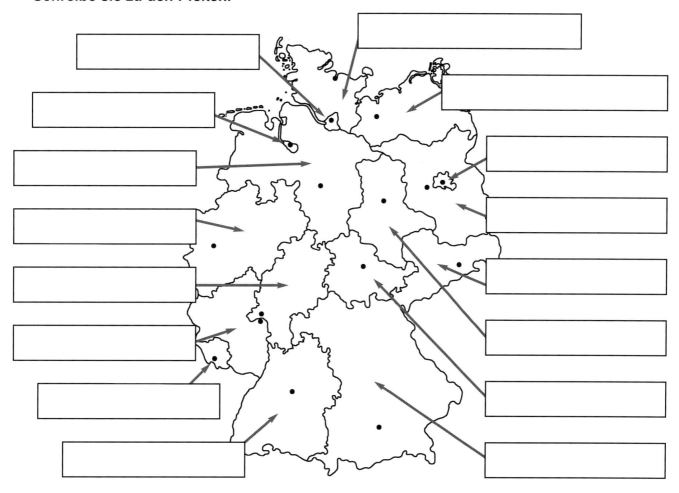

2. Notiere die Landeshauptstädte der Bundesländer. Nimm einen Atlas zur Hilfe.

Baden-Württemberg: _____ Bayern: _____

Bremen: _____ Berlin: _____

Brandenburg: _____ Hamburg: _____

Hessen: _____ Mecklenburg-Vorpommern: _____

Nordrhein-Westfalen: _____ Niedersachsen: _____

Rheinland-Pfalz: _____ Sachsen: _____

Saarland: _____ Schleswig-Holstein: _____

Sachsen-Anhalt: _____ Thüringen: _____

Jens Eggert: Basiswissen Erdkunde: Deutschland
© Persen Verlag

| Name: | Datum: | 3a |

Das geteilte Deutschland von 1949 bis 1990

Unser Land, wie es heute besteht, gibt es erst seit dem 03. Oktober 1990 Von 1949 bis 1990 gab es zwei deutsche Staaten: die Bundesrepublik Deutschland (BRD) und die Deutsche Demokratische Republik (DDR).

Wie war es dazu gekommen? Das Deutsche Reich, das in den Jahren 1933 bis 1945 von dem Diktator (Alleinherrscher) Adolf Hitler regiert wurde, begann am 01. September 1939 den Zweiten Weltkrieg. Dieser schreckliche Krieg dauerte bis zum 08. Mai 1945. Deutschland verlor den Krieg und wurde von den Siegern (USA, Sowjetunion, Großbritannien und Frankreich) besetzt und verwaltet. Die Siegermächte zerstritten sich. Auf der einen Seite standen die drei westlichen Siegermächte USA, Großbritannien und Frankreich, auf der anderen Seite die östliche Siegermacht Sowjetunion. Die Folge dieses Streits war, dass aus den drei Besatzungszonen im Westen am 23. Mai 1949 die Bundesrepublik Deutschland mit der damaligen provisorischen (vorläufigen) Hauptstadt Bonn gegründet wurde. Im Gegenzug wurde am 07. Oktober 1949 auf dem Gebiet der sowjetischen Besatzungszone die Deutsche Demokratische Republik gegründet mit dem östlichen Teil von Berlin als Hauptstadt. Der westliche Teil von Berlin gehörte zur Bundesrepublik Deutschland. Die Bundesrepublik Deutschland bestand aus elf Bundesländern.

Bis zum Fall der Mauer am 11. November 1989 waren die Grenzen zwischen den beiden deutschen Staaten sehr streng bewacht. Die Bürger der DDR durften – im Gegensatz zu den Bundesbürgern im Westen – nicht frei in jedes Land der Welt reisen. Berlin war durch eine unüberwindbare Mauer in zwei Teile getrennt. Doch durch die zahlreichen Demonstrationen im Jahr 1989 in der DDR und der Flucht vieler unzufriedener Bürger aus der DDR sah sich die DDR-Regierung gezwungen, die Grenzen zu öffnen.

Die Politiker in den beiden deutschen Staaten nutzten die Möglichkeit, die beiden Länder wieder zu einem Deutschland zu vereinigen. Am 03. Oktober 1990 war es dann so weit. Die DDR trat dem Gebiet der Bundesrepublik bei. Aus den ehemaligen DDR-Bezirken waren fünf „neue Bundesländer" entstanden.

| Name: | Datum: | 3b |

Das geteilte Deutschland von 1949 bis 1990

1. Lies den Infotext über das geteilte Deutschland aufmerksam durch.

2. Trage alle Datumsangaben in diese Tabelle chronologisch (in zeitlich richtiger Abfolge) ein. Schreibe dahinter, was an diesem Datum passierte. Beginne mit dem ältesten Datum.

Datum	Was passierte an diesem Tag?

3. Schreibe auf, welche Bundesländer vor 1990 zur „alten" Bundesrepublik Deutschland gehörten.

4. Welche fünf „neuen" Bundesländer kamen mit der Wiedervereinigung hinzu. Schreibe auf.

„Alte" Bundesländer   „Neue" Bundesländer

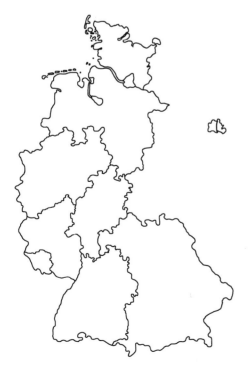
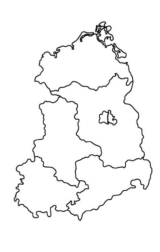

| Name: | Datum: | 4a |

Die 16 Bundesländer und ihre Landeswappen

Jedes Bundesland hat sein eigenes Wappen und seine eigene Landesfahne.

1. Versuche mithilfe der folgenden Beschreibungen die Wappen der Bundesländer richtig auszumalen. Wenn du nicht mehr weiterweißt, schaue in einem Atlas nach.

 **Baden-Württemberg:** Auf gelbem Hintergrund sind drei kleine schwarze Löwen mit roter Zunge zu sehen.

 Beim dreigeteilten Wappen von Nordrhein-Westfalen ist die linke Wappenhälfte grün, durch die sich ein silberfarbener Fluss (Rhein) schlängelt. Auf der rechten Seite ist ein silbernes Pferd auf rotem Hintergrund zu sehen. Unten ist noch eine fünfblättrige rote Rose zu erkennen.

 Im bayerischen Wappen ist im oberen linken Viertel ein goldener Löwe auf schwarzem Hintergrund zu sehen. Rechts daneben ist die obere Hälfte rot, der Unterteil silberfarben.
Im unteren linken Viertel ist ein blauer Löwe mit roter Zunge auf silbernem Hintergrund zu sehen. Rechts unten sind drei schwarze Löwen auf goldenem Hintergrund zu sehen.

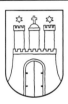 Beim Hamburger Wappen ist eine weiße Burg auf rotem Hintergrund zu sehen.

 Hessen: Auf einem blauen Wappen mit goldener Krone ist ein weiß-rot gestreifter Löwe zu erkennen. Beginne beim obersten Farbstreifen mit der Farbe weiß.

 Der Berliner Bär ist schwarz und hat eine rote Zunge. Der Hintergrund ist silberfarben, darüber steht eine goldene Krone.

 Auf einem silbernen Hintergrund sieht man den roten brandenburgischen Adler. Seine Beine, Krallen und sein Schnabel sind goldfarben.

 Beim Landeswappen von Mecklenburg-Vorpommern sind zwei schwarze Stiere mit weißen Hörnern auf goldenem Hintergrund zu erkennen. Die Ochsen haben eine rote Zunge und jeweils eine goldene Krone auf. Links unten ist ein roter Adler auf silbernem Hintergrund zu sehen. Oben rechts ein roter Greif auf silbernen Hintergrund.

 Beim Landeswappen von Niedersachsen sieht man ein weißes Pferd auf rotem Hintergrund.

 Auf dem Stadtwappen von Bremen ist ein silberner Schlüssel auf rotem Hintergrund zu sehen, darüber eine goldene Krone.

| Name: | Datum: | 4b |

Die 16 Bundesländer und ihre Landeswappen

Rheinland-Pfalz hat ein dreigeteiltes Wappen. In der linken oberen Wappenhälfte sieht man ein rotes Kreuz auf silbernem Grund. Rechts daneben befindet sich ein silbernes Wagenrad auf rotem Hintergrund. Das untere Drittel des Wappens ist schwarz, auf ihm ist ein goldener Löwe mit roter Krone, Zunge und Krallen zu sehen.

Das saarländische Landeswappen ist ein viergeteilter Schild. Oben links ist ein silberner Löwe mit roter Zunge und goldener Krone auf blauem Hintergrund zu sehen. Rechts daneben befindet sich ein rotes Balkenkreuz auf silbernem Hintergrund. Unten links sieht man auf einem roten Schrägbalken drei silberne Adler. Der restliche Hintergrund ist goldfarben. Im rechten unteren Feld sieht man einen rot gekrönten, silbernen Löwen auf schwarzem Hintergrund.

Das Wappen des Landes Sachsen ist abwechselnd schwarz-gold gestreift, wobei der oberste Streifen mit der Farbe schwarz beginnt. Von oben links nach rechts unten zieht sich ein grüner Rautenkranz durch das Wappen.

Beim Wappen aus Sachsen-Anhalt sieht man im oberen Bereich eine fast gleiche Darstellung des sächsischen Landeswappens. Allerdings ist hier der oberste Streifen goldfarben und nicht schwarz. Oben rechts sieht man einen schwarzen Adler auf silbernem Grund. In der unteren Wappenhälfte sieht man einen schwarzen Bären auf einer roten Mauer. Der Hintergrund ist silberfarben.

Das Wappen von Schleswig-Holstein ist zweigeteilt. In der linken Hälfte sieht man zwei blaue Löwen mit roten Krallen und Zungen auf goldenem Hintergrund. Auf der rechten Seite befindet sich ein silberfarbenes Nesselblatt auf rotem Grund.

Das Wappen Thüringens sieht dem aus Hessen zum Verwechseln ähnlich. Zu sehen ist ein achtfach quer gestreifter Löwe. Die Farben der Steifen wechseln sich in Rot und Silber ab. Der oberste Streifen ist rot. Der Löwe ist von acht silberfarbenen Sternen umgeben, der Wappenhintergrund ist blau.

Zu guter Letzt kommt noch das Wappen unseres Landes, der Bundesrepublik Deutschland.

Beim Bundeswappen sieht man einen schwarzen Adler mit roten Krallen, rotem Schnabel und roter Zunge auf goldenem Hintergrund.

| Name: | Datum: | 5 |

Die Landeswappen

Jedes Bundesland hat sein eigenes Wappen.

1. Ordne jedem Bundesland das richtige Wappen zu.

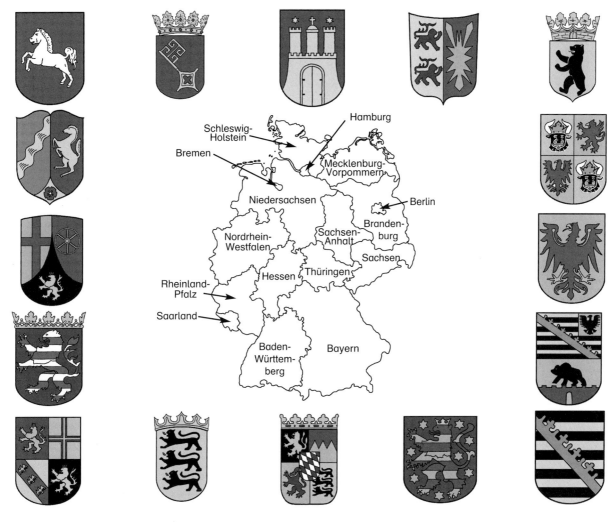

2. Schreibe auf, welche Tiere sehr häufig in den verschiedenen Wappen verwendet werden.

_____

3. Was vermutest du, warum man gerade diese Tiere in die Wappen aufgenommen hat?

_____

_____

4. Recherchiere: Was bedeuten die Wappen?

| Name: | Datum: | 6a |

Landeswappen-Puzzle

1. Schneide alle Kärtchen aus. Klebe sie auf das nächste Arbeitsblatt.

2. Schreibe jeweils die dazugehörige Landeshauptstadt dazu.

Achtung! Die Umrisse der kleineren Bundesländer sind hier vergrößert dargestellt!

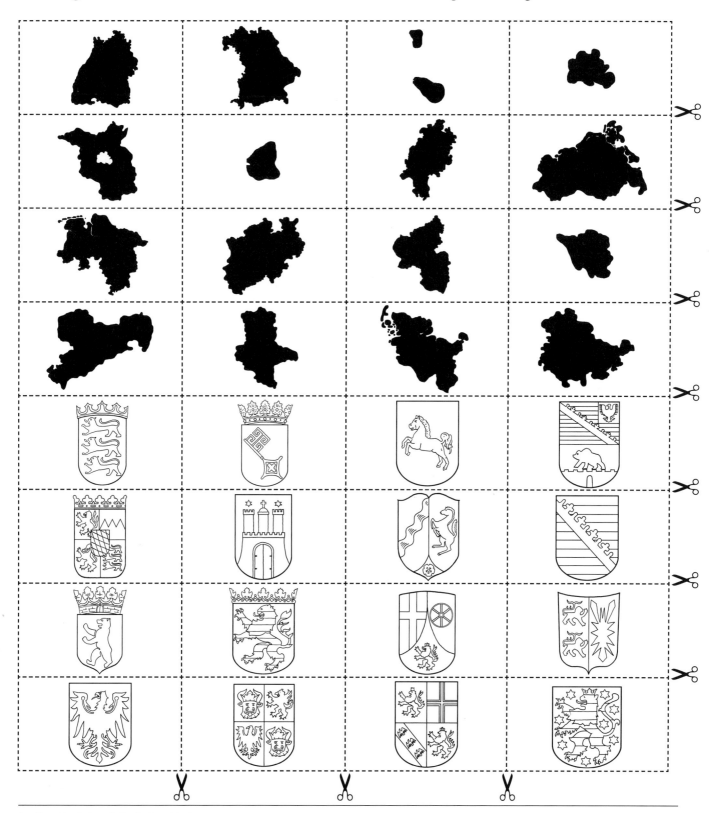

Name:	Datum:	6b
Landeswappen-Puzzle		

Baden-Württemberg	Stuttgart	Bayern	

Bremen		Brandenburg	

Berlin		Hamburg	

Hessen		Mecklenburg-Vorpommern	

| Name: | Datum: | 6c |

Landeswappen-Puzzle

Nordrhein-Westfalen	_____	Niedersachsen	_____

Rheinland-Pfalz	_____	Sachsen	_____

Sachsen-Anhalt	_____	Saarland	_____

Schleswig-Holstein	_____	Thüringen	_____

Jens Eggert: Basiswissen Erdkunde: Deutschland
© Persen Verlag

| Name: | Datum: | 7 |

Die Bundesländer im Vergleich

Die Bundesländer sind unterschiedlich groß. Auch die Einwohnerzahlen sind verschieden.

Bundesland	Fläche in km²	Bevölkerung	Einwohner je km² Anzahl
Baden-Württemberg	35.751,65	10.749.755	301
Bayern	70.551,56	12.520.332	177
Berlin	891,02	3.416.255	3.834
Brandenburg	29.480,33	2.535.737	86
Bremen	404,28	663.082	1.640
Hamburg	755,25	1.770.629	2.344
Hessen	21.114,77	6.072.555	288
Mecklenburg-Vorpom.	23.185,40	1.679.682	72
Niedersachsen	47.625,43	7.971.684	167
Nordrhein-Westfalen	34.086,48	17.996.621	528
Rheinland-Pfalz	19.853,24	4.045.643	204
Saarland	2.568,64	1.036.598	404
Sachsen	18.418,04	4.220.200	229
Sachsen-Anhalt	20.447,05	2.412.472	118
Schleswig-Holstein	15.799,08	2.837.373	180
Thüringen	16.172,10	2.289.219	142
Deutschland	**357.030,32**	**82.217.837**	**230**

Quelle: Statistisches Bundesamt (www.destatis.de)

1. Schreibe die drei kleinsten Bundesländer (Fläche) auf.

_____

2. Schreibe die drei größten Bundesländer (Fläche) auf.

_____

3. Schreibe die drei kleinsten Bundesländer (Einwohner) auf.

_____

4. Schreibe die drei größten Bundesländer (Einwohner) auf.

_____

5. Schreibe die drei Bundesländer auf, die am dünnsten besiedelt sind (Einwohner je km²).

_____

6. Schreibe die drei Bundesländer auf, die am dichtesten besiedelt sind (Einwohner je km²).

_____

Name:	Datum:	8

Unsere Nachbarländer

Die Bundesrepublik Deutschland hat mit neun europäischen Staaten eine gemeinsame Grenze.

Schreibe auf, welche Bundesländer mit welchen Staaten eine gemeinsame Grenze haben.

Schleswig-Holstein: _____

Mecklenburg-Vorpommern: _____

Brandenburg: _____

Sachsen: _____ und _____

Bayern: _____ und _____

Baden-Württemberg: _____ und _____

Saarland: _____ und _____

Rheinland-Pfalz: _____, _____ und _____

Nordrhein-Westfalen: _____ und _____

Niedersachsen: _____

Folgende Bundesländer haben keine Grenze mit einem anderen Staat:

_____

| Name: | Datum: | 9a |

Bundesland-Quiz

Welche Bundesländer werden hier beschrieben?

- Es ist das nördlichste Bundesland.
- Es liegt zwischen zwei Meeren.
- Im Norden grenzt Dänemark an dieses Bundesland.
- Die Landeshauptstadt ist Kiel.

- Es liegt im Norden Deutschlands.
- Früher war diese Stadt eine mächtige Hansestadt.
- Sie hat den größten Hafen Deutschlands.
- In seinem Wappen ist eine weiße Burg auf rotem Grund zu sehen.

- Dieses Bundesland liegt im Nordosten Deutschlands.
- Die Ostsee bildet die Nordgrenze dieses Bundeslandes.
- In seinem Wappen findet man einen schwarzen Stier.
- Im Osten grenzt dieses Bundesland an Polen.

- Dieses Bundesland hat keine Grenze zu einem anderen europäischen Staat.
- Das Landeswappen sieht ähnlich aus, wie das von Hessen.
- Im Süden dieses Landes liegt Bayern.
- Es gibt eine Wurstspezialität, in dem der Landesname vorkommt.

- Dieses Bundesland liegt im Nordwesten Deutschlands.
- Die Nordsee grenzt im Norden an dieses Bundesland.
- Im Westen grenzt es an die Niederlande.
- In seinem roten Wappen ist ein weißer Hengst zu sehen.

- Es ist das kleinste Bundesland und ist ein „Stadtstaat".
- Ein kleiner Teil dieses Bundeslandes ist von der eigentlichen „Hauptstadt" abgetrennt.
- Dieser Stadtstaat grenzt an die Nordsee und Niedersachsen.
- In seinem Wappen ist ein silberner Schlüssel auf rotem Grund zu sehen.

| Name: | Datum: | 9b |

Bundesland-Quiz

Welche Bundesländer werden hier beschrieben?

- Dieses Bundesland ist ein Stadtstaat.
- Es hat keine gemeinsame Grenze zu einem anderen europäischen Staat.
- Bis 1990 war dieses Bundesland durch eine Mauer geteilt.
- In seinem Wappen findet man einen großen schwarzen Bären.

- Es ist das bevölkerungsreichste Bundesland.
- Der Landesname ist ein Doppelname.
- Im Westen grenzt es an die Niederlande und Belgien.
- Durch dieses Bundesland fließt der Rhein, der im Ländernamen und dem Landeswappen zu finden ist.

- Dieses Bundesland hat keine Grenze zu einem anderen europäischen Staat, sondern ist nur von anderen Bundesländern umgeben.
- Im Norden grenzt es an Niedersachsen und Nordrhein-Westfalen, im Süden an Bayern und Baden-Württemberg.
- Die Landeshauptstadt heißt Wiesbaden.
- In seinem Wappen ist ein rot-weiß gestreifter Löwe zu sehen.

- Dieses Bundesland hat einen Doppelnamen.
- Es hat keine Grenze zu einem anderen europäischen Staat.
- Ein Teil des Doppelnamens ist auch der Landesname eines anderen Bundeslandes.
- In seinem Wappen sieht man einen Bären auf einer Burgzinne laufen.

- Dieses Bundesland umgibt vollständig das Bundesland Berlin.
- Im Osten grenzt Polen an dieses Bundesland.
- Nördlich davon liegt Mecklenburg-Vorpommern, im Süden das Bundesland Sachsen.
- In seinem Wappen findet man einen großen Adler.

- Dieses Bundesland grenzt an Polen und Tschechien.
- Im Norden grenzt es an Brandenburg.
- Durch dieses Land fließt die Elbe.
- Das Wappen ist unter anderem gelb-schwarz gestreift.

Name:	Datum:	9c

Bundesland-Quiz

Welche Bundesländer werden hier beschrieben?

- Dieses Bundesland liegt im Südwesten Deutschlands.
- Es grenzt an Frankreich und die Schweiz.
- Es hat einen Doppelnamen.
- Es grenzt an drei andere Bundesländer: Rheinland-Pfalz, Hessen und Bayern.

- Im Süden dieses Bundeslandes liegt ein Teil der Alpen.
- Es hat eine gemeinsame Grenze zu Österreich und Tschechien.
- Im Westen dieses Bundeslandes liegt Baden-Württemberg.
- München ist die Landeshaupt-stadt dieses Bundeslandes.

- Dieses Bundesland gehört zu den kleineren.
- Es hat eine gemeinsame Grenze mit Frankreich.
- Der Name eines Flusses in diesem Bundesland gab ihm seinen Namen.
- Es grenzt nur an ein anderes Bundesland: Rheinland-Pfalz.

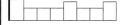

- Der Name des Bundeslandes ist ein Doppelname.
- Der Name eines großen Flusses ist im ersten Wort Bestandteil des Ländernamens.
- Dieses Bundesland hat eine gemeinsame Grenze zu Frankreich, Luxemburg und Belgien.
- Im Norden grenzt Nordrhein-Westfalen an dieses Bundesland, im Süden das kleine Saarland, im Westen Hessen und Baden-Württemberg.

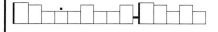

Jens Eggert: Basiswissen Erdkunde: Deutschland
© Persen Verlag

| Name: | Datum: | 10 |

Die vielfältigen Landschaftsformen

Deutschland ist ein Land mit unterschiedlichen Landschaftsformen. Von der Meeresküste bis zu den Alpen ist das Land knapp 900 Kilometer lang. An seiner breitesten Stelle in Ost-West-Richtung ist Deutschland etwa 630 Kilometer breit.

Im Norden grenzt an die **Nordsee** und **Ostsee** das **Norddeutsche Tiefland**. Es ist größtenteils sehr flach. Von der Meeresküste kommend steigt die Landschaft nur langsam in ihrer Höhe. Diesem flachen Gebiet folgt dann das **Mittelgebirgsstufenland**. In diesem Gebiet steigt die Landschaft merklich an. Je nach Mittelgebirge liegen die Höhen bei 500 bis 1000 Metern. Im süddeutschen Raum reichen die höchsten Gipfel des Schwarzwaldes und des Bayerischen Waldes über 1400 Meter.

Südlich der Donau liegt das **Alpenvorland**, das durchschnittlich 500 Meter hoch ist. Je weiter man nach Süden kommt, umso mehr gewinnt die Landschaft an Höhe. Ganz im Süden trifft man auf die mächtigen **Alpen**. Das ist ein zentrales Hochgebirge mitten in Europa. Zu Deutschland gehört nur ein kleiner Teil dieses Hochgebirges.

Das Wasser vieler Flüsse Süddeutschlands, die in die Donau münden, fließt über eine fast 2858 Kilometer lange Strecke ins Schwarze Meer. Das Wasser aller anderen Flüsse Deutschlands fließt fast vollständig über den Rhein, die Weser und die Elbe in die Nordsee. Nur wenige Flüsse aus dem Osten Deutschlands münden in die Ostsee.

Schreibe die fettgedruckten Begriffe in das richtige Feld.

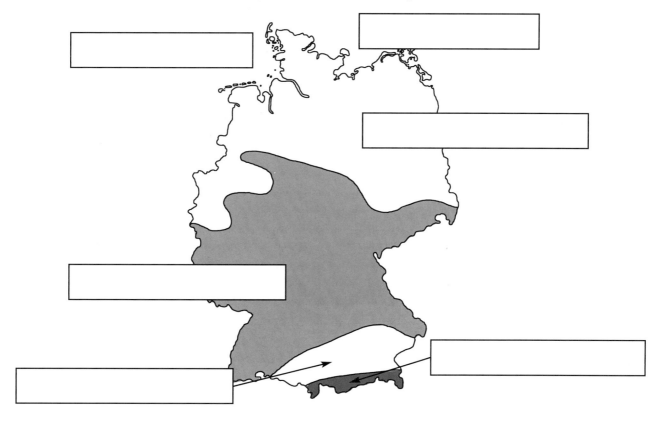

Name:	Datum:	11a

Flüsse in Deutschland

Deutschland ist ein Land, das reich an Flüssen ist. Sie fließen entweder in die Nordsee, Ostsee oder ins Schwarze Meer. Viele Flüsse entspringen in den zahlreichen Mittelgebirgen. Andere entspringen in angrenzenden europäischen Nachbarstaaten und fließen durch Deutschland hindurch.

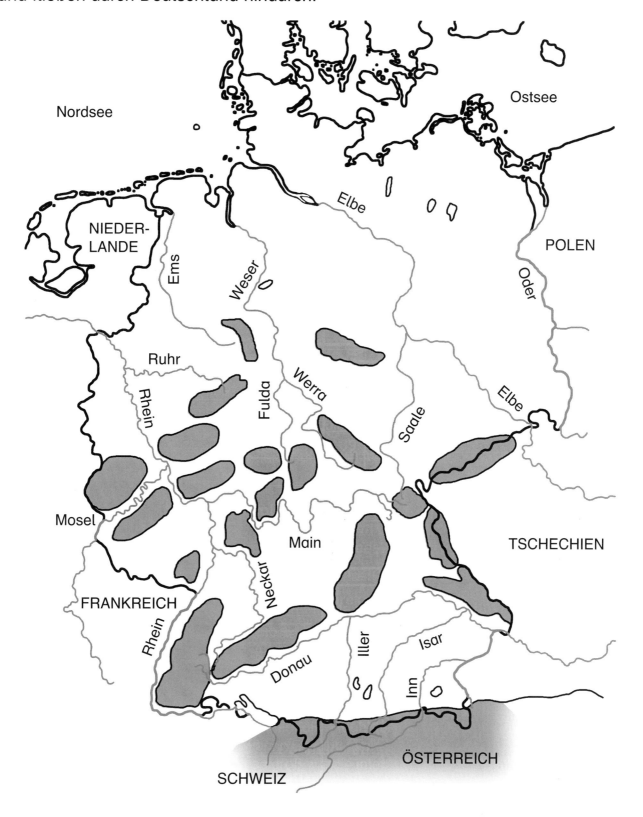

Name:	Datum:	11b
Flüsse in Deutschland		

Beantworte die Fragen mithilfe der Karte und eines Atlanten.

1. Welche Flüsse fließen in die Nordsee? _____

2. Welcher Fluss fließt in die Ostsee? _____

3. In welches Meer fließt die Donau? _____

4. Zähle die drei Flüsse auf, die in den Alpen entspringen und in die Donau münden.
   _____

5. In welchem Land entspringt der Rhein? In welches Land fließt er, wenn er Deutschland verlässt?

   Er entspringt in der _____ und fließt weiter in die _____.

6. Zähle alle Flüsse auf, die in den Rhein münden: _____

7. Nenne die beiden Quellflüsse der Weser: _____

8. In welchem Land entspringt die Elbe? _____

9. Nenne den Grenzfluss, der zwischen Deutschland und Polen fließt. _____

10. Nenne den Grenzfluss zwischen Deutschland und Frankreich. _____

Zusatzaufgaben – Beantworte folgende Fragen. Nimm einen Atlas zur Hilfe.

Z1 Welche Landeshauptstädte liegen an der Elbe? _____

Z2 An welchen Flüssen liegen diese Landeshauptstädte?

   Bremen - _____   München - _____   Stuttgart - _____

   Wiesbaden - _____   Mainz - _____   Düsseldorf - _____

Z3 Diese drei Landeshauptstädte liegen an Flüssen, die in unserer Karte nicht eingezeichnet sind. Wie heißen die Flüsse? Schreibe auf.

   Saarbrücken - _____   Berlin - _____   Hannover - _____

Jens Eggert: Basiswissen Erdkunde: Deutschland
© Persen Verlag

| Name: | Datum: | **12a** |

Mittelgebirge in Deutschland

Die Landschaft in Deutschland ist sehr vielseitig. Im Norden beherrscht das Norddeutsche Tiefland die Landschaft. Es grenzt an die Nordsee und Ostsee. In der „Mitte" gibt es immer mehr Mittelgebirge. Als Mittelgebirge werden alle Gebiete bezeichnet, die sich von ihrer Umgebung deutlich abheben. Die maximalen Höhen der Mittelgebirge können sehr unterschiedlich sein: Der Teutoburger Wald ist an manchen Stellen nur knapp 500 m hoch (seine Umgebung erreicht aber nur meist 150 m über dem Meeresspiegel). Der höchste Berg des Schwarzwaldes (Feldberg) dagegen ist 1493 m hoch.

Gebirge mit Höhen über 1500 m werden als Hochgebirge bezeichnet.

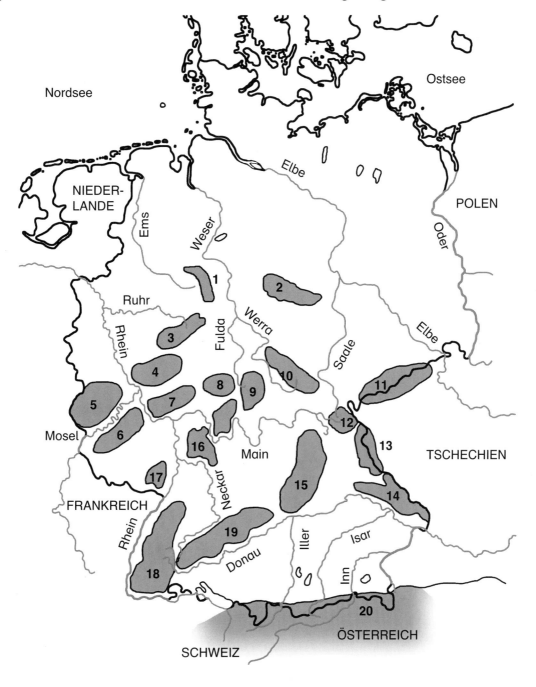

Jens Eggert: Basiswissen Erdkunde: Deutschland
© Persen Verlag

| Name: | Datum: | 12b |

Mittelgebirge in Deutschland

1. Nimm die Karte und einen Atlas. Schreibe auf: Hinter welcher Nummer „versteckt" sich welches Gebirge?

Nr.	Gebirgsname	Nr.	Gebirgsname
1		11	
2		12	
3		13	
4		14	
5		15	
6		16	
7		17	
8		18	
9		19	
10		20	

Viele Flüsse entspringen in den zahlreichen Mittelgebirgen. Finde heraus, welche Flüsse in welchem Gebirge entspringen.

In den Alpen entspringen zum Beispiel: _____.

Die beiden Quellflüsse der Donau (_____ und _____) entspringen im

_____.

Die Saale und der Main haben ihre Quellen im _____.

Orientierungsaufgabe:

An welchen Mittelgebirgen fließt der Rhein direkt vorbei? _____

_____

Die Donau fließt an den folgenden Mittelgebirgen entlang: _____

_____.

Die höchsten Berge der Mittelgebirge

Bei jedem Mittelgebirge in Deutschland gibt es immer einen Berg, der am höchsten ist.

1. Finde mithilfe der Karte, der Tabelle und einem Atlas heraus, wie die höchsten Berge der folgenden Gebirge heißen.

2. Notiere auch, wie hoch sie sind.

Hinweis: Die schwarzen Punkte geben dir die Lage der jeweiligen Berge an.

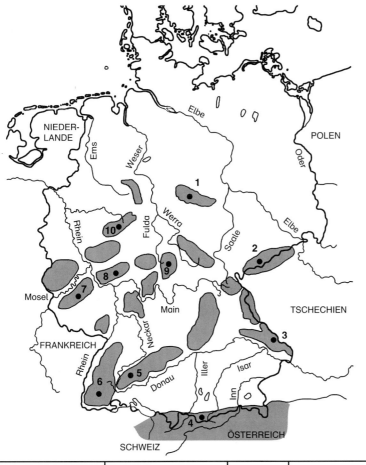

Namen der Gebirge:

1. Harz
2. Erzgebirge
3. Bayerischer Wald
4. Alpen
5. Schwäbische Alb
6. Schwarzwald
7. Hunsrück
8. Taunus
9. Röhn
10. Rothaargebirge

Gebirgsname	höchster Berg	Höhe	Gebirgsname	höchster Berg	Höhe
Alpen			Röhn		
Bayerischer Wald			Rothaargebirge		
Erzgebirge			Schwäbische Alb		
Harz			Schwarzwald		
Hunsrück			Taunus		

| Name: | Datum: | 14 |

Flüsse und Gebirge in Deutschland

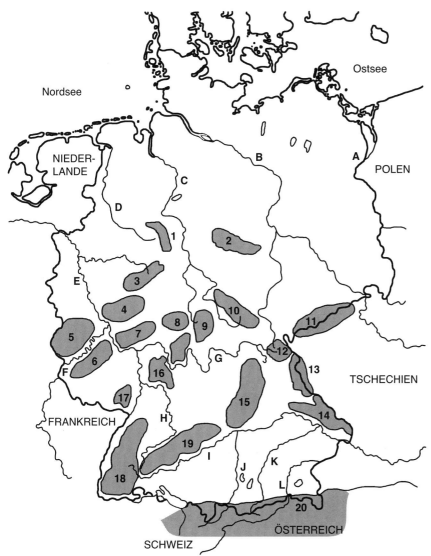

1. Wie heißen die Gebirge? Schreibe auf.

1 = _____
2 = _____
3 = _____
4 = _____
5 = _____
6 = _____
7 = _____
8 = _____
9 = _____
10= _____
11= _____
12= _____
13= _____
14= _____
15= _____
16= _____
17= _____
18= _____
19= _____
20= _____

2. Wie heißen die Flüsse? Schreibe auf.

A = _____ B = _____ C = _____

D = _____ E = _____ F = _____

G = _____ H = _____ I = _____

J = _____ K = _____ L = _____

Welche Flüsse fließen in die Nordsee? _____

Welcher Fluss fließt in die Ostsee? _____

In welches Meer fließt die Donau? _____

Welche Flüsse entspringen im Ausland? _____

Jens Eggert: Basiswissen Erdkunde: Deutschland
© Persen Verlag

Kreuzworträtsel: Flüsse und Gebirge

Achtung! Die Umlaute Ä, Ö und Ü bleiben unverändert! Bei Gebirgsnamen, die aus zwei Wörtern bestehen, ist als Lücke ein Bindestrich im Rätsel eingefügt.

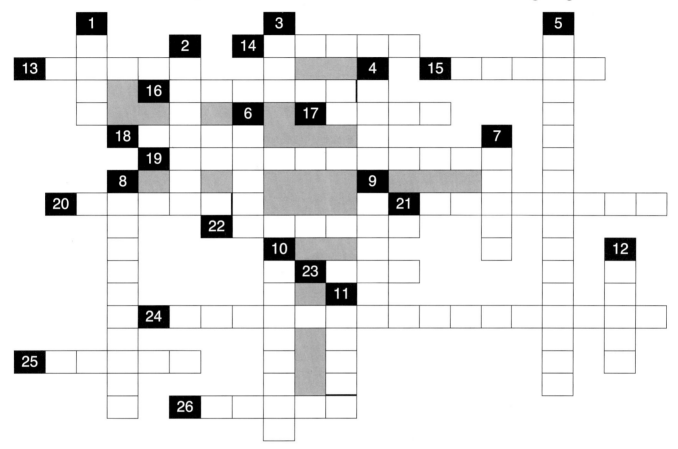

	Senkrecht – von oben nach unten		Waagrecht – von links nach rechts
1	Fluss, der durch Hamburg fließt.	13	Das einzige Hochgebirge Deutschlands.
2	In dieses Meer fließen Elbe und Weser.	14	Ein Mittelgebirge links des Rheins.
3	Ein Fluss, der in die Nordsee mündet.	15	Dieser Fluss entspringt in Frankreich.
4	Mittelgebirge zwischen Weser und Saale.	16	Ein Meer nördlich von Mecklenburg-Vorpommern.
5	Ein Mittelgebirge im Norden Deutschlands.	17	Dieser Fluss fließt durch Frankfurt.
6	Diese Fluss entspringt in der Schweiz.	18	Grenzfluss zu Polen.
7	Dieser Fluss mündet in das Schwarze Meer.	19	Mittelgebirge im Südwesten Deutschlands.
8	Dieses Gebirge grenzt an Tschechien.	20	An diesem Fluss liegt die Stadt Bremen.
9	Ein Mittelgebirge am Rhein.	21	Ein Mittelgebirge links des Rheins.
10	Ein Mittelgebirge zwischen Frankfurt und Heidelberg.	22	Dieser Fluss entspringt im Schwarzwald und fließt durch Stuttgart.
11	Dieser Fluss fließt durch München.	23	Dieser Fluss ist Grenzfluss zwischen Deutschland und Österreich.
12	Ein Quellfluss der Weser.	24	Mittelgebirge im Grenzgebiet zu Tschechien.
		25	Ein Quellfluss der Weser.
		26	Ein Nebenfluss der Donau.

Name: Datum: **16**

Quiz: Flüsse und Mittelgebirge

Welche Flüsse und Mittelgebirge werden hier beschrieben?

Beschreibung	Lösung
• Dieser Fluss fließt in die Nordsee. • Drei Landeshauptstädte liegen an diesem Fluss. • Er entspringt in der Tschechischen Republik. • Dieser Fluss fließt durch Hamburg.	☐☐☐☐
• Dieser Fluss gehört zu den längsten Flüssen Europas. • Zwei kleine Flüsse im Schwarzwald sind die Quellflüsse. • Er fließt im Süden Deutschlands. • Der Fluss mündet in das Schwarze Meer.	☐☐☐☐☐
• Dieser Fluss mündet in die Nordsee. • Fünf europäische Länder liegen an seinen Ufern. • Er entspringt in der Schweiz. • Er fließt durch den Bodensee	☐☐☐☐
• Der Fluss mündet in die Ostsee. • Er entspringt in der Tschechischen Republik. • Er ist auch Grenzfluss zwischen Deutschland und Polen.	☐☐☐☐
• Seine Fließrichtung ist von Osten nach Westen. • Er mündet in den Rhein. • Er fließt durch eine große deutsche Stadt.	☐☐☐☐
• Dieser Fluss entspringt im Süden Deutschlands. • Er entspringt im Schwarzwald. • Er mündet bei Mannheim im Rhein. • Der Fluss fließt durch Stuttgart.	☐☐☐☐☐
• Dieses Mittelgebirge liegt im Süden Deutschlands. • An ihm fließt die Donau entlang. • Es grenzt an die Tschechische Republik. • Der höchste Berg ist der Große Arber.	☐☐☐☐☐☐☐☐☐-☐☐☐☐
• Es gehört zu den nördlichsten Mittelgebirgen Deutschlands. • Dieses Mittelgebirge ist nicht sehr hoch. • In der Nähe des Mittelgebirges entspringt die Ems. • In der Nähe dieses Mittelgebirges fand im Jahre 9 nach Christus eine große Schlacht zwischen Römern und Germanen statt.	☐☐☐☐☐☐☐☐☐-☐☐☐☐
• Das gesuchte Mittelgebirge liegt am Rhein. • Es liegt im Süden Deutschlands. • Es ist ein bekanntes Urlaubsgebiet. • Es liegt in Baden-Württemberg.	☐☐☐☐☐☐☐☐☐☐
• Die Stadt Dresden liegt am östlichen Rand dieses Mittelgebirges. • Es grenzt an die Tschechische Republik. • Die Bewohner dieses Mittelgebirges haben früher viele Spielzeuge und Weihnachtsdekorationen aus Holz hergestellt.	☐☐☐☐☐☐☐☐
• Dieses Mittelgebirge liegt im Süden Deutschlands. • An seiner südlichen Seite fließt die Donau. • Es liegt in Baden-Württemberg. • Es liegt zwischen dem Schwarzwald und der Fränkischen Alb.	☐☐☐☐☐☐☐☐☐☐☐

| Name: | Datum: | 17 |

Was wir über unser Land wissen

Trage die folgenden Begriffe ein.

> Bundesrepublik Deutschland • Landeswappen • Donau • Elbe • DDR
> Ostsee • Bundesländer • Europa • Nordsee • Rhein
> zwei • Schwarze Meer • Berlin

Deutschland liegt fast in der Mitte von _____. Der offizielle Name unseres Landes lautet _____ _____. Die Hauptstadt heißt _____. Vor dem 03. Oktober 1990 gab es _____ deutsche Staaten. Der andere Staat hieß Deutsche Demokratische Republik, kurz _____ genannt. Seit der Wiedervereinigung gibt es nun 16 _____. Jedes Bundesland hat sein eigenes _____. Das Bundesland, in dem wir wohnen, heißt _____ _____. Unsere Landeshauptstadt ist _____.

Die Landschaft ist von Nord nach Süd recht unterschiedlich. Im Norden grenzt unser Land an zwei Meere, nämlich die _____ und die _____. Die Landschaft im Norden nennt man Norddeutsches Tiefland.

In den Mittelgebirgen entspringen viele Flüsse. Die drei bekanntesten Flüsse Deutschlands sind der _____, der aus den Alpen kommt und durch den Bodensee fließt. Die _____, die in Donaueschingen entsteht und in das _____ _____ mündet, sowie die _____, die durch Hamburg fließt.

| Name: | Datum: | 18 |

Landwirtschaft in Deutschland

Der landwirtschaftliche Nutzen einer Region hängt von vielen Faktoren (Bedingungen) ab. Beispielsweise sind die Fruchtbarkeit des Bodens und ein geeignetes Gelände für große Maschinen wichtig. Aber auch die klimatischen Bedingungen (gutes Wetter) sind von großer Bedeutung.

Am besten ist es, wenn der Boden reich an Mineralien und Nährstoffen ist, der Einsatz von großen Maschinen in der Region kein Problem darstellt und die Wetterbedingungen gut sind. Das ist aber nicht überall in Deutschland der Fall. Nicht in jeder Gegend kann man die gleichen Nutzpflanzen anbauen, da diese zum Teil nur unter bestimmten Bedingungen gut wachsen.

In den Mittelgebirgen ist die Landwirtschaft oft nur eingeschränkt möglich. Gründe hierfür sind zum Beispiel ein zu hügeliges oder zu steiles Gelände sowie ein zu kaltes Klima. Bei Höhenlagen über 500 Meter über dem Meeresspiegel ist es für viele Kulturpflanzen zu kalt. Oft ist dort meist nur Wald- und Weidewirtschaft möglich.

Wenn in Gebieten der Anbau von Nutzpflanzen nicht sinnvoll ist, bietet sich manchmal die Haltung von Tieren an. Hierbei gibt es Betriebe, die sehr viele Tiere einer Art halten, zum Beispiel Geflügel, Schweine oder Rinder. Dort werden dann die Tiere in sogenannten Massentierhaltungen untergebracht.

1. Zähle die drei wichtigen Bedingungen für eine erfolgreiche Landwirtschaft auf:

   _____

2. Worin liegt das Problem, wenn das Gelände zu hügelig oder steil ist?

   _____

3. Welches Problem tritt auf, wenn das Gelände über 500 Meter über dem Meer liegt?

   _____

4. Was versteht man unter Massentierhaltung?

   _____

   _____

| Name: | Datum: | 19a |

Schwerpunkte in der Landwirtschaft

In Deutschland gibt es aufgrund der unterschiedlichen Landschaften auch unterschiedliche Schwerpunkte in der Landwirtschaft.

1. Welche Nutzpflanzen werden in den verschiedenen Regionen angebaut?

2. Welchen Schwerpunkt in der Landwirtschaft gibt es in deiner Region?

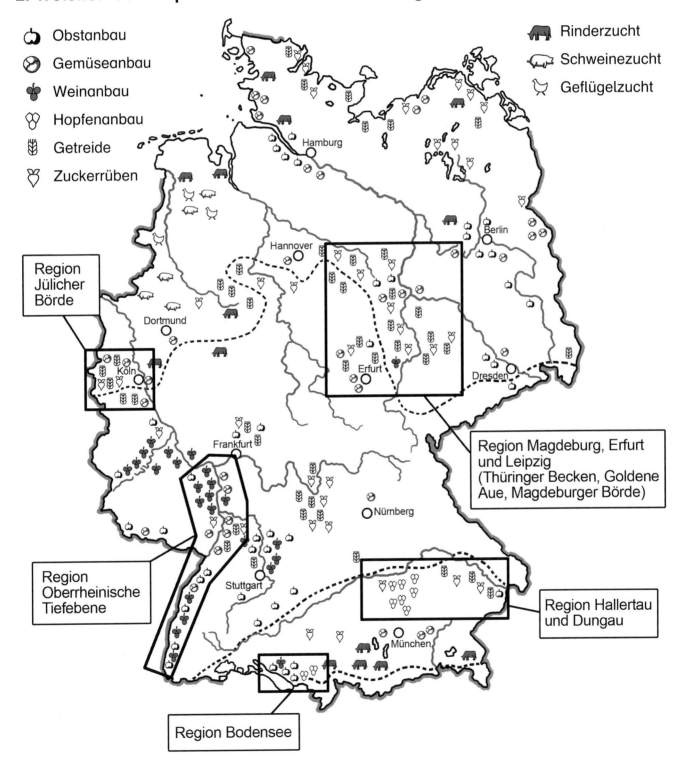

| Name: | Datum: | 19b |

Schwerpunkte in der Landwirtschaft

Liste in dieser Tabelle auf, welche Schwerpunkte es in der Landwirtschaft in den folgenden Regionen gibt.

- Obstanbau
- Gemüseanbau
- Weinanbau
- Hopfenanbau
- Getreide
- Zuckerrüben
- Rinderzucht
- Schweinezucht
- Geflügelzucht

Jülicher Börde	Magdeburger Börde, Goldene Aue, Thüringer Becken

Hallertau / Dungau	Oberrheinische Tiefebene	Bodenseeregion	Meine Region

Diese Regionen sind für die Landwirtschaft besonders fruchtbar, weil es dort meist besonders fruchtbare Böden gibt. Außerdem liegen manche dieser Regionen klimatisch sehr günstig. So ist beispielsweise der Bereich der Oberrheinischen Tiefebene von fünf Mittelgebirgen umgeben, die diese Region vor starken Winden und Kälte gut schützen.

| Name: | Datum: | 20 |

Ferienland Deutschland

Es gibt in Deutschland viele Gebiete, in denen die Menschen gerne ihren Urlaub verbringen. Es gibt Seebäder, Erholungsorte sowie Kurorte und Heilbäder.

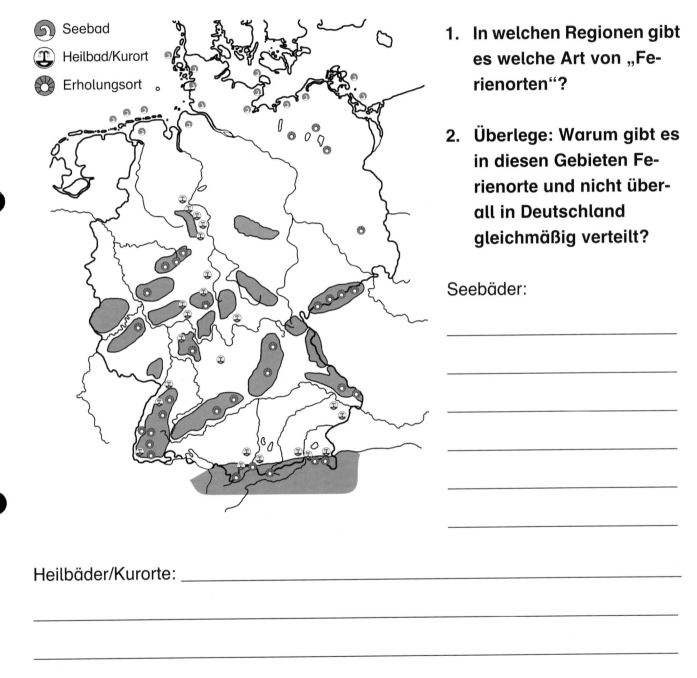

1. **In welchen Regionen gibt es welche Art von „Ferienorten"?**

2. **Überlege: Warum gibt es in diesen Gebieten Ferienorte und nicht überall in Deutschland gleichmäßig verteilt?**

Seebäder: _____
_____
_____
_____
_____
_____
_____

Heilbäder/Kurorte: _____
_____
_____

Erholungsorte: _____
_____
_____

| Name: | Datum: | 21a |

Freizeitaktivitäten

Um einen schönen Urlaub zu erleben, muss man nicht unbedingt ins Ausland reisen. Deutschland mit seinen vielfältigen Regionen bietet für jeden etwas: Urlaub am Meer oder Wandern und Klettern im Hochgebirge.

Viele Städte und Dörfer haben sich darauf spezialisiert, es ihren Gästen möglichst angenehm zu machen und ihnen zahlreiche Freizeiteinrichtungen anzubieten. Übernachten können die Urlauber in Gasthöfen, Pensionen, Hotels, Bauernhöfen mit Fremdenzimmern oder auf Campingplätzen.

Welche Freizeitangebote kannst du hier erkennen?
Schreibe die passenden Begriffe zu den Bildern.

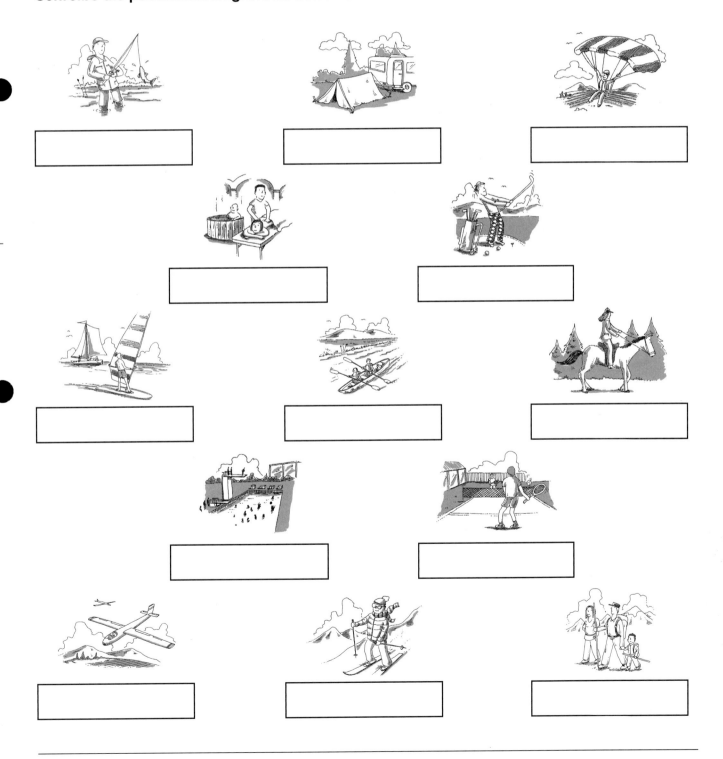

Ferienland Deutschland

Trage ein.

Wandern • Klettern • Kajak • Skipisten • Kanu • Wassersports • Wanderwege • Süden

Was bieten die verschiedenen Ferienregionen an? An der Nord- und Ostsee werden für die Feriengäste zahlreiche Möglichkeiten im Bereich des _____ angeboten. Surfen, Segeln, Baden im Meer, Wattwanderungen an der Nordsee bei Ebbe sind einige der vielen Angebote.

In den Mittelgebirgen sieht das Freizeitangebot etwas anders aus. Surfen und Segeln kann man hier nur an speziellen Seen oder Stauseen. Häufig gibt es dort aber landschaftlich schöne _____ mit zahlreichen Gasthöfen, die zum Einkehren einladen. An manchen Flüssen gibt es das Angebot, diese mit _____ oder _____ zu befahren. An manchen hoch gelegenen Bergen gibt es spezielle Startpunkte für Drachenfliegen und Paragliding (spezielle Fallschirme, mit denen man lange in der Luft schweben kann).

Die Alpenregion im _____ Deutschlands bietet neben der landschaftlichen Schönheit des Hochgebirges ebenfalls spezielle Angebote für seine Gäste. Im Winter kommen die Urlauber, um auf den zahlreichen _____ die Wintersportmöglichkeiten wie Skifahren oder Snowboarden auszunutzen. Im Sommer laden die Berge zum _____ und die zahlreichen Wege zum _____ ein.

Natürlich sollen die Gäste nicht nur aktiv sein, sondern sich auch im Urlaub erholen. Deshalb gibt es immer öfter sogenannte Wellness-Urlaubsangebote.

| Name: | Datum: | **22a** |

Städte in Deutschland

Nimm einen Atlas zur Hilfe und finde die Städtenamen.

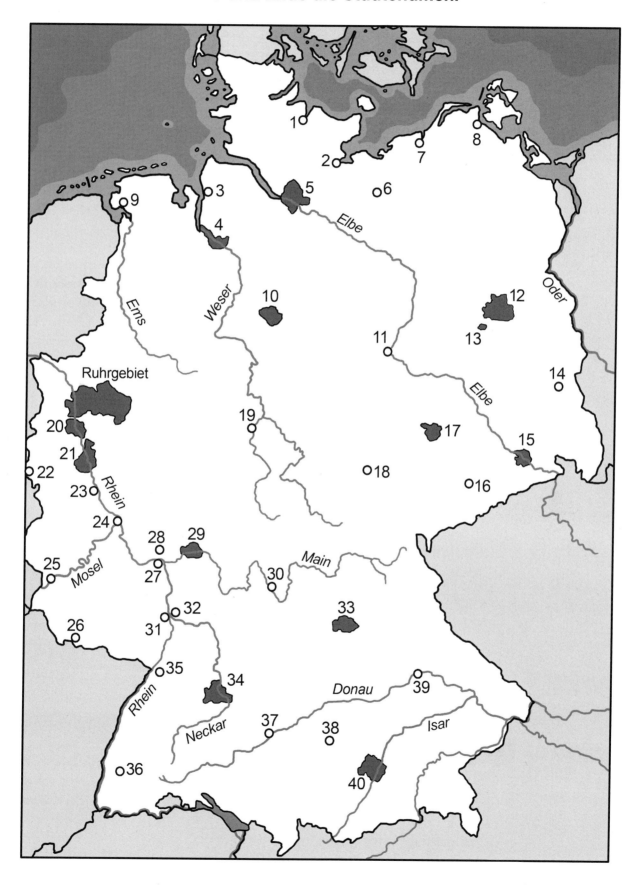

| Name: | | Datum: | | **22b** |

Städte in Deutschland

Nr.	Stadt	Nr.	Stadt
1		21	
2		22	
3		23	
4		24	
5		25	
6		26	
7		27	
8		28	
9		29	
10		30	
11		31	
12		32	
13		33	
14		34	
15		35	
16		36	
17		37	
18		38	
19		39	
20		40	

Schreibe auf, welche Städte an den folgenden Flüssen liegen:

Rhein: _____

Neckar: _____ Mosel: _____

Donau: _____ Main: _____

Elbe: _____

Welche Städte liegen an der Nordsee?

_____

Welche Städte liegen an der Ostsee?

_____

Jens Eggert: Basiswissen Erdkunde: Deutschland
© Persen Verlag

| Name: | | Datum: | | 23 |

Städte in Deutschland – Einwohner

Stadt	Einwohner	Stadt	Einwohner
Aachen	259.030	Köln	995.397
Augsburg	262.992	Leipzig	510.512
Berlin	3.416.255	Lübeck	211.541
Bonn	316.416	Ludwigshafen	163.777
Bremen	547.769	Magdeburg	230.140
Bremerhaven	115.313	Mainz	198.118
Chemnitz	244.951	Mannheim	309.795
Cottbus	102.811	München	1.311.573
Dresden	507.513	Nürnberg	503.110
Düsseldorf	581.122	Potsdam	150.833
Emden	51.714	Regensburg	132.495
Erfurt	202.929	Rostock	200.413
Frankfurt am Main	659.021	Saarbrücken	176.452
Freiburg im Breisgau	219.430	Schwerin	95.855
Hamburg	1.770.629	Stuttgart	597.176
Hannover	518.069	Stralsund	58.027
Karlsruhe	288.917	Trier	103.888
Kassel	193.803	Ulm	121.434
Kiel	236.902	Wiesbaden	275.849
Koblenz	106.087	Würzburg	135.212

Quelle: Statistisches Bundesamt

1. Schreibe alle Städte heraus, die mehr als 1 Million (1.000.000) Einwohner haben.

2. Schreibe die drei Städte heraus, die die wenigsten Einwohner haben.

3. Welche Städte haben mehr als eine halbe Millionen (500.000) Einwohner, aber weniger als eine Millionen? Schreibe auf.

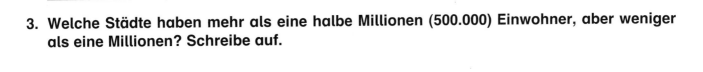

Info: Du kannst auf der Homepage von www.meinestadt.de Informationen zu anderen Städten und großen Gemeinden finden.

Name:		Datum:	24a

Städte in Deutschland – Einwohner, Fläche, Höhe

Stadt	Einwohner	Fläche in km²	Höhe über dem Meeresspiegel
Aachen	259.030	160,83	173 m
Augsburg	262.992	146,86	494 m
Berlin	3.416.255	891,02	34 m
Bonn	316.416	141,22	60 m
Bremen	547.769	325,42	3 m
Bremerhaven	114.759	78,86	2 m
Chemnitz	244.951	220,85	296 m
Cottbus	102.811	164,28	75 m
Dresden	507.513	328,31	113 m
Düsseldorf	581.122	217,02	36 m
Emden	51.714	112,35	1 m
Erfurt	202.929	269,10	195 m
Frankfurt am Main	659.021	248,31	98 m
Freiburg im Breisgau	219.430	153,06	278 m
Hamburg	1.770.629	755,25	6 m
Hannover	518.069	204,14	55 m
Karlsruhe	288.917	173,46	115 m
Kassel	193.803	106,78	167 m
Kiel	236.902	118,65	5 m
Koblenz	106.087	105,04	60 m
Köln	995.397	405,16	53 m
Leipzig	510.512	297,36	112 m
Lübeck	211.541	214,20	13 m
Ludwigshafen	163.777	77,55	96 m
Magdeburg	230.140	200,97	50 m
Mainz	198.118	97,74	110 m
Mannheim	309.795	144,96	97 m
München	1.311.573	310,40	518 m
Nürnberg	503.110	186,40	309 m
Potsdam	150.833	187,29	35 m
Regensburg	132.495	80,68	343 m
Rostock	200.413	181,42	13 m
Saarbrücken	176.452	167,09	190 m
Schwerin	95.855	130,53	38 m
Stuttgart	597.176	207,35	245 m
Stralsund	58.027	39,02	13 m
Trier	103.888	117,15	130 m
Ulm	121.434	118,69	478 m
Wiesbaden	275.849	203,90	115 m
Würzburg	135.212	87,63	177 m

Quelle: www.meinestadt.de

| Name: | Datum: | **24b** |

Städte in Deutschland – Einwohner, Fläche, Höhe

Aufgaben zur Tabelle

1. Finde die drei Städte heraus, die die größte Fläche haben.

   _____

2. Schreibe alle Städte heraus, die am Meer liegen. Was stellst du fest?

   _____

   _____

   _____

3. Welche drei Städte liegen am höchsten? Schreibe ihre Namen und Höhen heraus.

   _____

4. Suche alle Städte, die am Rhein liegen, heraus und ordne sie nach deren Höhe. Was stellst du fest, wenn du die Lage der Städte mit der Karte vergleichst?

   _____

   _____

   _____

   _____

5. Wie groß ist der Höhenunterschied zwischen den folgenden Städten, die an Flüssen liegen? Was bedeutet das für die Schifffahrt auf den betreffenden Flüssen?

   Rhein: Ludwigshafen (_____) und Düsseldorf (_____), Höhenunterschied (_____)

   Main: Würzburg (_____) und Frankfurt (_____), Höhenunterschied (_____)

   Neckar: Stuttgart (_____) und Mannheim (_____), Höhenunterschied (_____)

   Donau: Ulm (_____) und Regensburg (_____), Höhenunterschied (_____)

   Elbe: Dresden (_____) und Hamburg (_____), Höhenunterschied (_____)

| Name: | Datum: | **25a** |

Städterätsel

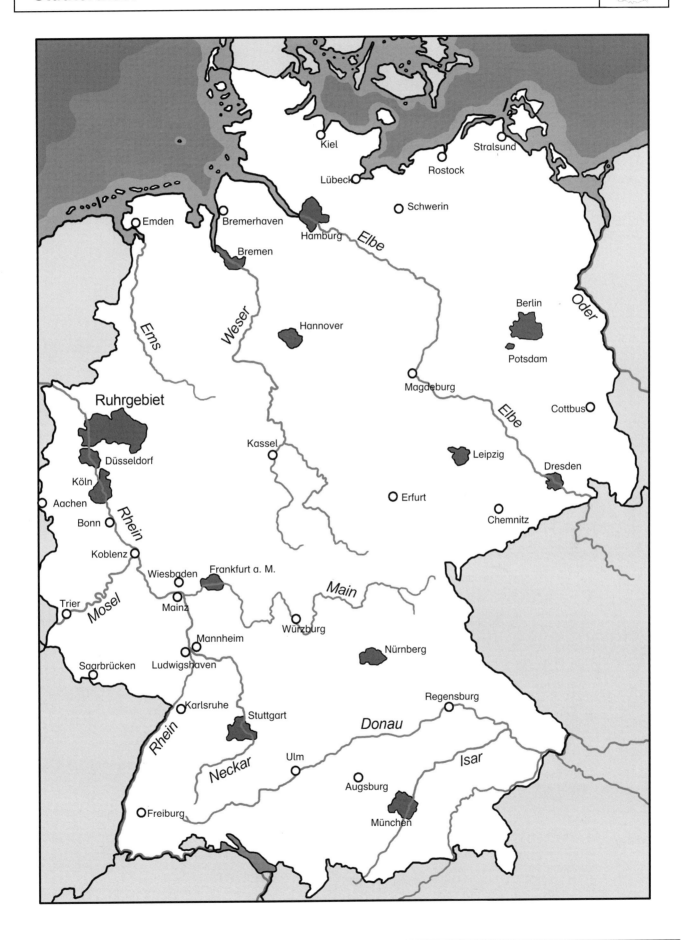

Städterätsel

Welche Städte werden hier beschrieben?

Beschreibung	Lösung
• Die Stadt liegt an einem Nebenfluss des Rheins. • Sie liegt im Süden Deutschlands. • Sie gehört zu Baden-Württemberg. • Sie ist die Landeshauptstadt von Baden-Württemberg	☐☐☐☐☐☐☐☐☐
• Dieser Ort liegt im Bundesland Sachsen. • Die Stadt liegt an der Elbe. • Die Grenze zur Tschechischen Republik ist nicht weit weg. • Sie ist die Landeshauptstadt von Sachsen.	☐☐☐☐☐☐☐
• Die Stadt liegt südlich des Mains. • Sie liegt an einem großen Fluss. • Sie wurde von den Römern gegründet. • Nordwestlich von ihr liegt Nürnberg.	☐☐☐☐☐☐☐☐
• Die Stadt liegt im Süden Deutschlands. • Sie liegt an einem Fluss. • Der Fluss entspringt in den Alpen. • Sie ist die Landeshauptstadt von Bayern.	☐☐☐☐☐☐☐
• Die Stadt liegt an der Ostsee. • Sie liegt in Schleswig-Holstein. • Sie ist die Landeshauptstadt. • Ihr Name besteht aus vier Buchstaben.	☐☐☐☐
• Die Stadt liegt am Rhein. • Sie ist bekannt für ihren Karneval. • Sie wurde von den Römern gegründet. • Sie liegt zwischen Bonn und Düsseldorf.	☐☐☐☐
• Die Stadt liegt am Rhein. • Ihr gegenüber liegt die Landeshauptstadt eines anderen Bundeslandes. • In dieser Stadt hat der Fernsehsender ZDF seinen Sitz. • Sie ist die Landeshauptstadt von Rheinland-Pfalz.	☐☐☐☐☐
• Dieser Ort liegt ziemlich in der Mitte Deutschlands. • Sie ist keine Landeshauptstadt. • Sie liegt an einem der beiden Zuflüsse der Weser. • Nördlich von ihr liegt Hannover.	☐☐☐☐☐☐
• Die Stadt liegt nicht am Meer. • Sie hat aber den größten Hafen Deutschlands. • Sie liegt an der Elbe. • In ihrem Wappen ist eine Burg zu erkennen.	☐☐☐☐☐☐☐
• Diese Stadt ist gleichzeitig ein Bundesland. • Bis 1989 war sie eine geteilte Stadt. • In ihrem Wappen ist ein sehr starkes Tier zu sehen. • Heute ist sie die Hauptstadt unseres Landes.	☐☐☐☐☐☐
• Sie ist die Landeshauptstadt eines Bundeslandes. • Die Stadt ist nicht weit von Frankreich entfernt. • Der erste Teil des Stadtnamens ist der eines Flusses, der durch diese Stadt fließt.	☐☐☐☐☐☐☐☐☐☐

| Name: | Datum: | 26a |

Verkehrsweg Autobahn – Orientierungsaufgabe

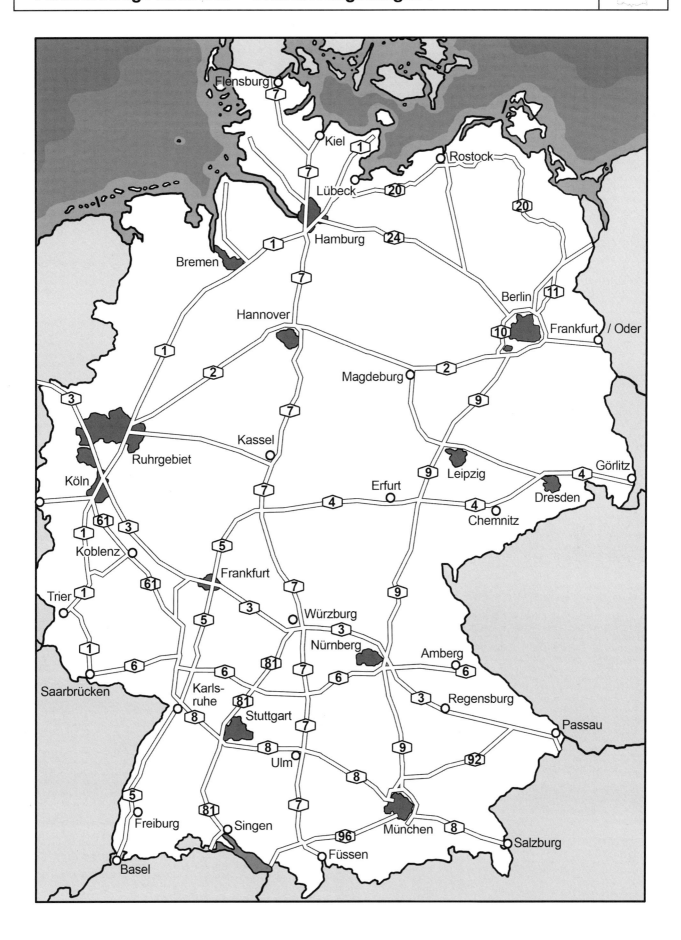

| Name: | Datum: | 26b |

Verkehrsweg Autobahn – Orientierungsaufgabe

Deutschland ist im Ausland bekannt für sein dichtes Netz an Autobahnen. Die Hinweisschilder zur nächsten Autobahn sind blau.
An den Nummern kann man Folgendes erkennen:
Alle Autobahnen mit ungeraden Zahlen verlaufen in der Regel von Norden nach Süden, alle Autobahnen mit geraden Zahlen von Westen nach Osten. Autobahnabschnitte mit dreistelligen Nummern sind meist kurze Abschnitte von wenigen Kilometern Länge. Sie zweigen von wichtigen Hauptrouten ab oder verbinden zwei wichtige Autobahnen miteinander.

1. Trage ein.
- Die A7 ist die längste Nord-Süd-Verbindung Deutschlands.
  Schreibe alle Städte auf, die an dieser Autobahn liegen. Beginne mit der nördlichsten Stadt!

  _____

- Zwischen Berlin und München verläuft die _____

- Die A3 ist eine quer durch Deutschland verlaufende Autobahn. Im Westen führt die Autobahn in die benachbarte _____. Im Osten führt sie nach _____.
  Dazwischen liegt das Ruhrgebiet und die Städte _____
  _____.

- Die A6 ist eine Verbindung von Osten nach Westen. Im Westen beginnt die A6 bei
  _____, führt vorbei an _____ und endet im Osten bei
  _____.

- Eine weitere wichtige Ost-West-Verbindung ist die A2. Der westlichste Punkt dieser Autobahn
  liegt im _____ und führt vorbei an _____
  _____ nach _____.

- Zwischen _____ am Bodensee und _____ verläuft die A81.

2. Fragespiel „Wo komme ich an?"
Gebt einen Startpunkt an und beschreibt euren Weg. Die anderen raten, wo man ankommt.
Beispiel: Ich starte in Singen und folge der A81 bis Stuttgart, dann biege ich rechts ab und folge der A8 bis Ulm. Dort biege ich auf die A7 ab und fahre in südliche Richtung bis zu ihrem Ende. Wo komme ich an?

Flughäfen in Deutschland

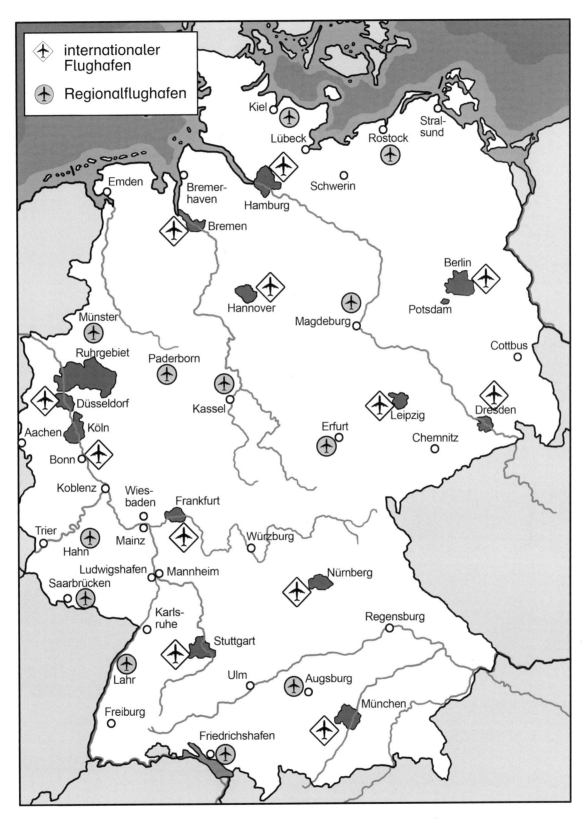

In Deutschland gibt es zahlreiche internationale Flughäfen, von denen man innerhalb Deutschlands und in andere Länder fliegen kann. Es gibt auch einige kleinere sogenannte „Regionalflughäfen". Diese Flughäfen sind nicht so groß wie die internationalen Flughäfen. Von dort aus gibt es auch nicht ganz so viele Flugverbindungen.

Name:	Datum:	27b

Flughäfen in Deutschland

Es gibt einige Städte in Deutschland, die über einen Flughafen verfügen. Ein Flughafen ist im Gegensatz zu einem Flugplatz viel größer. Nur auf Flughäfen, die groß genug sind und über eine ausreichend lange Startbahn verfügen, können große Passagiermaschinen starten und landen. Auf den kleinen Flugplätzen starten und landen hingegen nur kleine Propellermaschinen und Segelflugzeuge. Viele der kleinen Flugplätze haben nicht einmal eine ausreichend befestigte Startbahn.

Der größte Flughafen Deutschlands ist in Frankfurt am Main. Von dort aus kann man in die ganze Welt reisen. Auch die Flughäfen in München, Köln und Berlin gehören zu den größten Flughäfen Deutschlands.

Neben den großen internationalen Flughäfen gibt es noch zahlreiche regionale Flughäfen, von denen man aus eine Flugreise beginnen kann. Sie sind nicht so groß und das Passagieraufkommen (Anzahl der Passagiere, die von dort aus starten) ist nicht so bedeutend.

1. Fülle die folgende Tabelle aus.

Internationale Flughäfen in Deutschland		Regionalflughäfen in Deutschland	
Ort des Flughafens	Bundesland	Ort des Flughafens	Bundesland

2. Informiere dich im Internet (z.B. www.flughafen.de) über einen Flughafen in eurer Nähe. Welche Ziele in Deutschland, Europa und der Welt kann man von dort aus erreichen? Berichte darüber in der Klasse.

Name: Datum: **28a**

Industrie in Deutschland

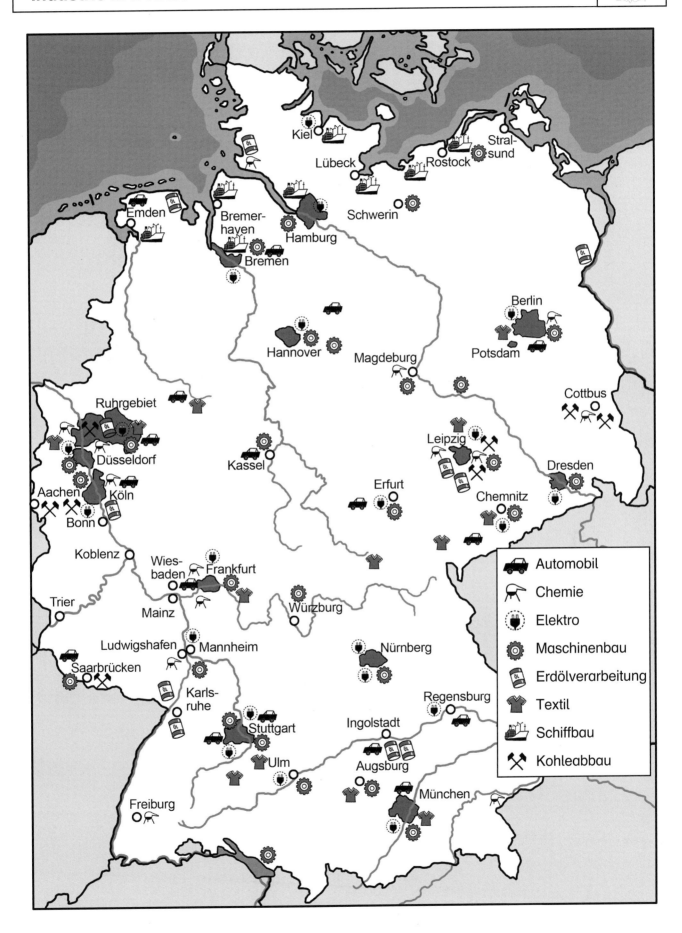

Name:	Datum:	**28b**

Industrie in Deutschland

1. Trage ein.

> Rohstoffe • einführen • Industrie • ausgeführt • Wissen

Deutschland ist ein rohstoffarmes Land. Das bedeutet, in unserem Land gibt es so gut wie keine _____ wie zum Beispiel Erdöl und Metalle. Nur Kohle gibt es in ausreichender Menge. Andererseits hat unser Land viel _____. Es gibt viele verschiedene Industriebetriebe, die über das nötige _____ verfügen, aus den Rohstoffen begehrte Dinge herzustellen. Diese werden dann in viele Länder der Welt verkauft. Um diese Waren herstellen zu können, muss Deutschland aber zuerst die dafür notwendigen Rohstoffe aus dem Ausland importieren (_____). Die fertigen Industriewaren werden dann entweder im eigenen Land verkauft oder in das Ausland exportiert (_____).

2. Überlege dir, was man mit Rohstoffen meint. Sprecht in der Klasse darüber und nennt dann einige Rohstoffe.

_____

_____

3. Es gibt viele Industriebereiche in Deutschland. Nenne einige Namen von Firmen, die in Deutschland Fabriken haben und Waren herstellen.

- Automobilindustrie: _____
- Elektroindustrie: _____
- chemische Industrie: _____
- Maschinenbau: _____
- Schiffbau: _____
- Textilindustrie: _____
- Erdölverarbeitung: _____
- Bergbau: _____

Kreuzworträtsel

29

Achtung! Die Umlaute Ä, Ö und Ü bleiben unverändert!

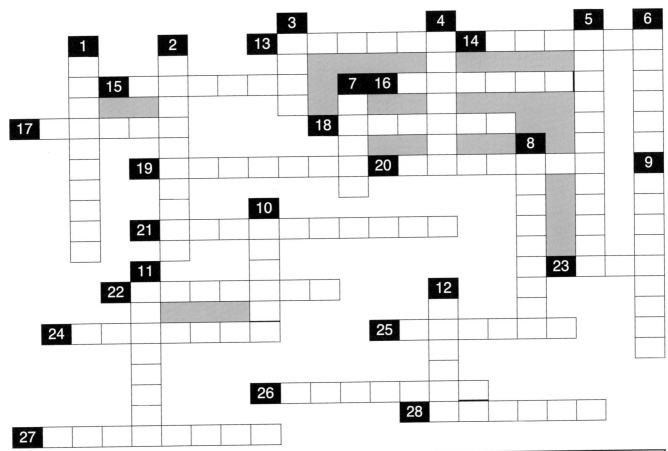

	Senkrecht – von oben nach unten		Waagrecht – von links nach rechts
1	Schnellstraßen, die durch Deutschland führen	15	Wassersportart
2	Stadt an der A3 und der Donau	16	Ein anderer Begriff für „Ferien"
3	Stadt zwischen Köln und Koblenz am Rhein	17	Kann zum Heizen verwendet werden
4	Meer, das an Deutschland grenzt	18	Ein Meer, in das der Fluss Oder mündet
5	⚙ = Symbol für diesen Industriebereich	19	Sie werden auf Werften am Meer gebaut
6	Stadt im Osten Deutschlands an der A4	20	Ein Ort zum Übernachten, aber kein Hotel
7	Haus zum Übernachten	21	Ein großes Gebiet nördlich von Köln
8	Oberbegriff für Firmen, die Waren herstellen	22	Eine Art, wie man Urlaub verbringen kann
9	🚗 = Symbol für diesen Industriebereich	23	Stadt an der Donau sowie an der A8 und A7
10	Fluss, der durch Köln fließt	24	🔌 = Symbol für diesen Industriebereich
11	Stadt westlich von Dresden an der A4	25	Stadt am südlichen Ende der A7
12	Stadt an der Ostsee	26	Stadt an der Ostsee östlich von Lübeck
	Waagrecht – von links nach rechts	27	Bei dieser Stadt kreuzen sich A7 und A3
13	Hauptstadt Deutschlands	28	Stadt südlich von Hannover an der A7
14	🐄 = Symbol für diesen Industriebereich		

Jens Eggert: Basiswissen Erdkunde: Deutschland
© Persen Verlag

| Name: | Datum: | **T1a** |

Erdkundetest – Thema Deutschland

1. Trage die richtigen Zahlen für die entsprechenden Bundesländer ein.

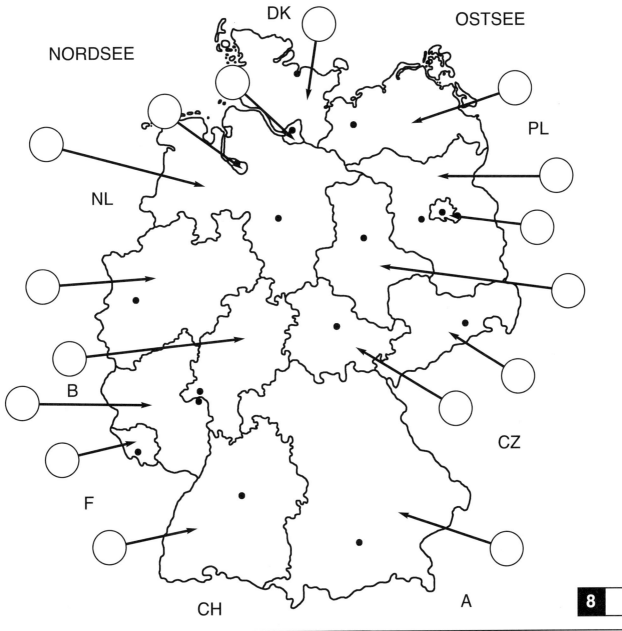

1	Baden-Württemberg	9	Niedersachsen
2	Bayern	10	Nordrhein-Westfalen
3	Berlin	11	Rheinland-Pfalz
4	Brandenburg	12	Saarland
5	Bremen	13	Sachsen
6	Hamburg	14	Sachsen-Anhalt
7	Hessen	15	Schleswig-Holstein
8	Mecklenburg-Vorpommern	16	Thüringen

| Name: | Datum: | T1b |

Erdkundetest – Thema Deutschland

2. Welche Staaten grenzen an diese Bundesländer? **8**

   Baden-Württemberg: _____

   Sachsen: _____

   Bayern: _____

   Nordrhein-Westfalen: _____

3. Ordne jedem Bundesland das richtige Landeswappen zu. **8**

Baden-Württemberg			Niedersachsen
Bremen			Schleswig-Holstein
Bayern			Brandenburg
Thüringen			Rheinland-Pfalz
Hamburg			Hessen
Saarland			Nordrhein-Westfalen
Sachsen			Sachsen-Anhalt
Berlin			Mecklenburg-Vorpommern

4. Schreibe zu den folgenden acht Bundesländern die richtigen Landeshauptstädte.

   Bayern: _____   Brandenburg: _____

   Baden-Württemberg: _____   Saarland: _____

   Sachsen: _____   Sachsen-Anhalt: _____

   Niedersachsen: _____   Thüringen: _____ **8**

Gesamtpunktzahl **32**   *Durchschnitt:*

erreichte Punktzahl ☐   *Note:*

| Name: | Datum: | **T2a** |

Erdkundetest – Flüsse und Gebirge in Deutschland

Mithilfe dieser Karte sollst du die folgenden Aufgaben bearbeiten und lösen.

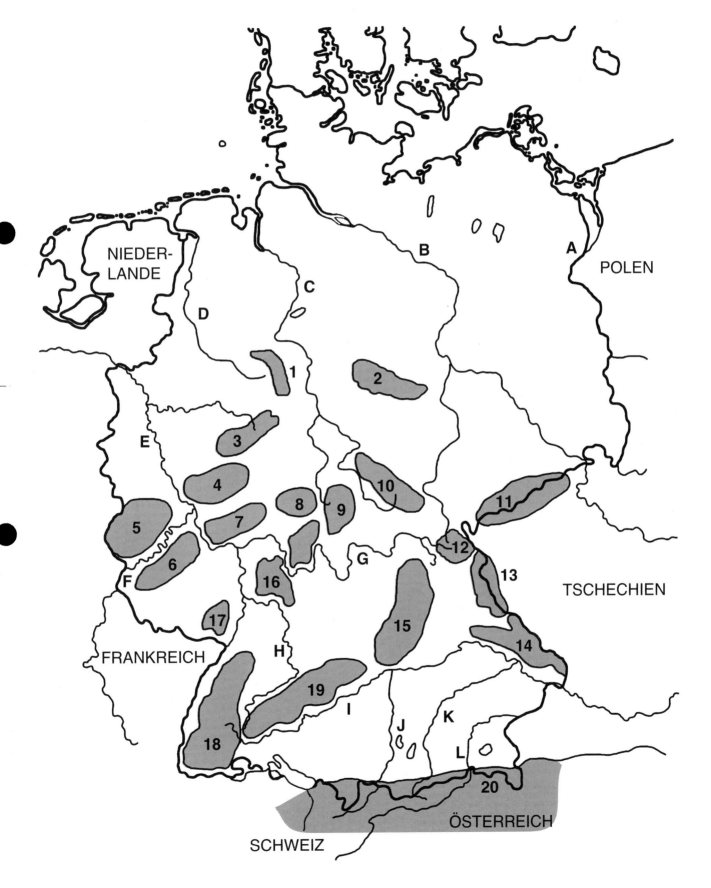

| Name: | Datum: | T2b |

Erdkundetest – Flüsse und Gebirge in Deutschland

1. Suche dir neun Gebirge aus.
   Trage die Nummern und die dazugehörigen Namen in die Tabelle ein. **9**

Nr.	Gebirgsname	Nr.	Gebirgsname	Nr.	Gebirgsname

2. Suche dir neun Flüsse aus.
   Trage die Buchstaben und die dazugehörigen Namen in die Tabelle ein. **9**

	Flussname		Flussname		Flussname

3. Beantworte die folgenden Fragen **10**

   a) Welche Flüsse entspringen in den Alpen? _____

   b) Welche Flüsse fließen in die Nordsee? _____

   c) Welcher Fluss fließt in die Ostsee? _____

   d) In welches Meer fließt die Donau? _____

   e) Wie heißt das Hochgebirge im Süden Deutschlands? _____

4. An welchen Mittelgebirgen fließt der Rhein direkt vorbei? Zähle auf! **7**

_____

_____

Gesamtpunktzahl **35**   *Durchschnitt:*

erreichte Punktzahl   *Note:*

Name: Datum: **T3a**

Erdkundetest – Städte in Deutschland

Nr.	Stadt	Einwohner	Fläche in km²	Höhe über dem Meeresspiegel
1	Aachen	259.030	160,83	173 m
2	Augsburg	262.992	146,86	494 m
3	Berlin	3.416.255	891,02	34 m
4	Bonn	316.416	141,22	60 m
5	Bremen	547.769	325,42	3 m
6	Bremerhaven	114.759	78,86	2 m
7	Chemnitz	244.951	220,85	296 m
8	Cottbus	102.811	164,28	75 m
9	Dresden	507.513	328,31	113 m
10	Düsseldorf	581.122	217,02	36 m
11	Emden	51.714	112,35	1 m
12	Erfurt	202.929	269,10	195 m
13	Frankfurt am Main	659.021	248,31	98 m
14	Freiburg im Breisgau	219.430	153,06	278 m
15	Hamburg	1.770.629	755,25	6 m
16	Hannover	518.069	204,14	55 m
17	Karlsruhe	288.917	173,46	115 m
18	Kassel	193.803	106,78	167 m
19	Kiel	236.902	118,65	5 m
20	Koblenz	106.087	105,04	60 m
21	Köln	995.397	405,16	53 m
22	Leipzig	510.512	297,36	112 m
23	Lübeck	211.541	214,20	13 m
24	Ludwigshafen	163.777	77,55	96 m
25	Magdeburg	230.140	200,97	50 m
26	Mainz	198.118	97,74	110 m
27	Mannheim	309.795	144,96	97 m
28	München	1.311.573	310,40	518 m
29	Nürnberg	503.110	186,40	309 m
30	Potsdam	150.833	187,29	35 m
31	Regensburg	132.495	80,68	343 m
32	Rostock	200.413	181,42	13 m
33	Saarbrücken	176.452	167,09	190 m
34	Schwerin	95.855	130,53	38 m
35	Stuttgart	597.176	207,35	245 m
36	Stralsund	58.027	39,02	13 m
37	Trier	103.888	117,15	130 m
38	Ulm	121.434	118,69	478 m
39	Wiesbaden	275.849	203,90	115 m
40	Würzburg	135.212	87,63	177 m

1. Schreibe die drei Städte auf, die die meisten Einwohner haben.

   _____ **3**

2. Nenne die drei Städte, die die wenigsten Einwohner haben.

   _____ **3**

3. Schreibe die drei Städte auf, die die größte Fläche haben.

   _____ **3**

4. Welche drei Städte haben die kleinste Fläche?

   _____ **3**

5. Schreibe auf, welche Stadt am höchsten über dem Meeresspiegel liegt.

   Stadt: _____

   Höhe: _____ **1**

6. Welche Stadt weist die geringste Höhe über dem Meeresspiegel vor?

   Stadt: _____

   Höhe: _____ **1**

7. Nenne alle Städte aus der Tabelle, die an der Ostsee bzw. an der Nordsee liegen.

   Ostsee: _____

   Nordsee: _____ **6**

8. Nenne acht Städte aus der Tabelle, die Landeshauptstadt eines Bundeslandes sind!

   _____
   _____ **8**

| Name: | Datum: | T3b |

Erdkundetest – Städte in Deutschland

9. Welche Stadt "versteckt" sich hinter welcher Zahl? Suche dir zehn aus.
Trage die Zahl und die dazugehörigen Namen in die Tabelle ein.

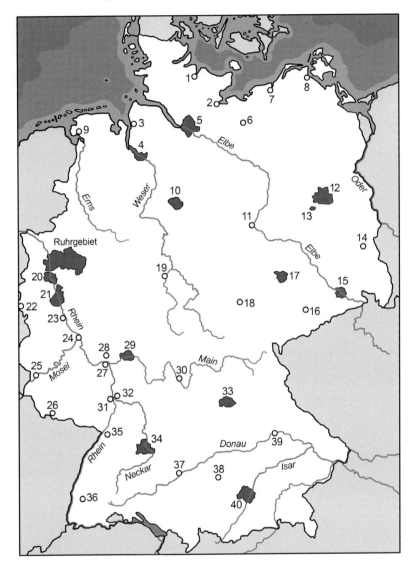

10

Nr.	Name der Stadt	Nr.	Name der Stadt

Gesamtpunktzahl **38**   *Durchschnitt:*

erreichte Punktzahl   *Note:*

Fakten vermitteln – einfach und handlungsorientiert!

Jens Eggert
Basiswissen Erdkunde: Deutschland / Europa / Welt
Fakten vermitteln und spielerisch festigen

Gebirge, Flüsse und Städte kennen, Länder, Staaten und Kontinente richtig zuordnen – das gehört zum Basiswissen, über das jeder verfügen sollte. Info- und Lückentexte, Spiele, Rätsel und Detektivaufgaben motivieren Ihre Schüler, sich immer wieder mit den Fakten auseinanderzusetzen. Die beiliegenden CDs bieten weitere Spiele und Materialien, veränderbare Lernzielkontrollen sowie Lösungen zu den Lückentexten, Aufgaben und Rätseln.

Aus dem Inhalt:
Deutschland: Die Bundesländer, Nachbarländer, Ballungsgebiete und Großräume
Europa: Ländersteckbriefe, Industrie und Rohstoffe, Hauptstädte
Welt: Kontinente und Staaten, Ozeane und Meere, Sprachen und Flaggen
Geografisches Grundwissen vermitteln – spielerisch und nachhaltig!

Basiswissen Erdkunde: Deutschland
Mappe mit Kopiervorlagen, 52 Seiten, DIN A4, inkl. CD
5. bis 7. Klasse
Best.-Nr. 2696

Basiswissen Erdkunde: Europa
Mappe mit Kopiervorlagen, 54 Seiten, DIN A4, inkl. CD
5. bis 9. Klasse
Best.-Nr. 23086

Basiswissen Erdkunde: Welt
Mappe mit Kopiervorlagen, 68 Seiten, DIN A4, inkl. CD
5. bis 9. Klasse
Best.-Nr. 2037

Herbert Wimmer, Andreas Geisert
Computer – ganz einfach
Kopiervorlagen für absolute Anfänger

Ohne Computer geht heutzutage fast gar nichts mehr – Grund genug, sich so früh wie möglich damit zu befassen! Dieser Band bietet Ihnen dazu 36 praxiserprobte Kopiervorlagen für die sonderpädagogische Förderung. Die Kopiervorlagen sind thematisch gegliedert und bauen systematisch aufeinander auf: Fachbegriffe werden von Grund auf erklärt und schülergerecht vermittelt. Handlungsanweisungen zeigen Schritt für Schritt, wie man in einem Schreibprogramm Texte schreibt, druckt und speichert. Die Schüler erweitern ihr Wissen handlungsorientiert, indem sie wichtige Begriffe und Merksätze lesen, abschreiben, sie entsprechenden Abbildungen zuordnen und aufkleben. Das ritualisierte Vorgehen bewirkt eine intensive Arbeitsatmosphäre, da die Schüler von Anfang an selbstständig am Computer arbeiten.
So sind Begriffe wie Desktop, USB-Stick oder Enter-Taste bald keine Fremdwörter mehr!

Mappe mit Kopiervorlagen, 69 S., DIN A4
5. bis 9. Klasse
Best.-Nr. 2345

Sebastian Barsch
Politik ganz einfach und klar: Wahlen
Kleinschrittiges Material zur sonderpädagogischen Förderung

Warum wählen wir eigentlich? Wie funktionieren Wahlen? Was wird gewählt? Die Unterrichtsideen zum Thema Wahlen geben Ihnen ausgereifte Materialien an die Hand, die Schülern klare Antworten auf diese Fragen liefern. In einfacher, leicht verständlicher Sprache werden die wichtigsten Aspekte erklärt und mit Übungen gefestigt. So lernen Ihre Schüler die zentralen Unterschiede kennen, von der Kommunalwahl bis zur Europawahl. Falls ein Begriff nicht allen Schülern bekannt sein sollte, kann dieser ganz einfach im mitgelieferten Wörterbuch nachgeschlagen werden.
Das Wahlsystem Deutschlands Schritt für Schritt erschließen!

Buch, 94 Seiten, DIN A4
8. und 9. Klasse
Best.-Nr. 3290

Unser Bestellservice:

Das komplette Verlagsprogramm finden Sie in unserem Online-Shop unter

www.persen.de

Bei Fragen hilft Ihnen unser Kundenservice gerne weiter.

Deutschland: ☏ 040/32 50 83-040 · Schweiz: ☏ 052/366 53 54 · Österreich: ☏ 0 72 30/2 00 11